offer pour mes 10 ans
par mamie et
papie 2005

Chapitre un

– Désolée, Cloe, mais j'ai besoin de faire une pause, dit Sasha en reprenant son souffle. Ça fait une heure que je danse non-stop.

Elle se laisse tomber sur l'herbe fraîchement tondue et boit longuement à sa bouteille d'eau. Le cœur de Sasha bat à toute vitesse. Elle enlève son chapeau pour essuyer la transpiration sur son front. Puis elle se dépêche de le remettre avant que quelqu'un dans le parc n'aperçoive son look « cheveux aplatis ». Rien de pire que la chaleur, l'humidité et la transpiration pour anéantir une coiffure.

Cloe éteint la musique qui accompagnait la danse free style de Sasha.

– Oh, allez Lapinou ! gémit-elle en riant. Je t'ai déjà vue danser bien plus longtemps que ça.

Sasha boit une autre gorgée d'eau et se

recule en s'appuyant sur ses coudes.

– Bien sûr, dans une boîte avec l'air conditionné et plein de mecs mignons autour ! Pas au milieu du parc sous un soleil de plomb. Les seuls qui soient mignons ici sont les écureuils.

Cloe éclate de rire en regardant deux rongeurs marron et gris qui s'amusent en cherchant des glands.

– Je suis désolée pour la chaleur, s'excuse Cloe. Mais je voulais vraiment peindre ce tableau à la lumière naturelle.

Elle étudie la toile sur le chevalet, puis rajoute une touche de peinture argentée à son tableau.

– Ça me permet de voir la vraie teinte des couleurs.

Sasha se met à rire.

– En parlant de couleurs... murmure-t-elle. Et elle désigne du doigt le visage, les vêtements et les cheveux de Cloe.

Son amie est en effet recouverte de peinture. Plusieurs couleurs ornent son tablier blanc. Du jaune vif et du vert printemps sont allés se loger sur les côtés de son jean bleu marine taille basse. Le bout de sa longue queue de cheval blonde est rose et bleu. Ses joues et son front portent des traces noires, rouges et orange. Pourtant Cloe ne paraît pas négligée. Elle semble même plus belle que jamais. L'enthousiasme qui l'anime la rend radieuse.

Sasha sourit en connaissance de cause. « La vraie beauté vient de l'intérieur. » C'est un des secrets de Cloe.

Cloe baisse les yeux sur son tablier et rit. Cela lui est complètement égal d'être pleine de taches. Pour une âme d'artiste comme la sienne, le fait d'être couverte de peinture est comme la marque d’une seconde peau.

Cloe sait que ses amies ne partagent pas sa passion. Elle pense que M. Del Rio, leur professeur d'arts plastiques au collège Stiles, en est responsable. Il donne des cours théoriques sans laisser les élèves libres de créer. Cloe est certaine que ses amies aimeraient l'art si elles sentaient l'argile entre leurs doigts ou la peinture à l'huile glissant sur la toile.

En fait, leur professeur réussit à rendre l'art ennuyeux ! Cloe n'aurait jamais cru cela possible ! Pourtant, elle a été intriguée par le dernier sujet de M. Del Rio : l'art abstrait. Elle est fascinée par les couleurs, les formes et les différents styles d'artistes tels que Kandinsky, Picasso et Pollock. Leur façon de regarder le monde ne ressemble à rien de ce qu'elle a pu voir jusque-là.

Malheureusement, il semble que Cloe soit la seule de la classe à s'y intéresser. Les élèves se sont lamentés quand M. Del Rio a annoncé un exercice pratique à rendre sur le sujet. Pas Cloe, qui s'est jetée dans le projet avec excitation.

De son côté, Sasha est ravie de participer au processus créatif de sa copine, même si elle ne comprend pas très bien ce qu'elle fait.

– Comment est-ce que me voir danser t'aide pour ce tableau, mon ange ? demande Sasha en buvant de nouveau une gorgée d'eau. Tu ne vois pas bien mon visage si je bouge dans tous les sens, continue-t-elle. Je croyais que les modèles devaient rester immobiles.

– Mais ça, c'est impossible pour toi, Lapinou ! se moque Cloe en regardant son amie.

En effet, Sasha est une fille toujours en mouvement. Même allongée dans l'herbe, ses pieds bougent au rythme d'un hip hop imaginaire.

– Et en plus, ajoute Cloe, ce n'est pas un portrait, c'est une peinture abstraite. Je te regarde danser pour ressentir le mouvement et le mettre dans mon tableau. Tu es plus une source d'inspiration qu'un modèle.

Sasha hausse les épaules.

– Comme tu veux, répond-elle en jetant un regard à sa montre. As-tu encore besoin de beaucoup d'inspiration ? J'ai un peu promis de retrouver Jade au centre commercial dans une demi-heure. Mais si tu veux que je reste, je l'appelle... propose-t-elle en cherchant son téléphone portable.

– Non, ce n'est pas la peine d'appeler. Vas-y, répond gentiment Cloe. De toute façon, j'ai presque terminé cette partie du tableau.

– Tu veux venir avec nous ? lui demande Sasha. Le magasin de chaussures fait des soldes.

Cloe respire profondément. C'est tentant. Elle a une passion pour les chaussures. Mais elle adore aussi son travail artistique. Et si elle veut terminer son tableau pour lundi, il faut qu'elle continue. M. Del Rio enlève des points pour chaque jour de retard. Cloe espère étudier aux Beaux-Arts, donc elle doit avoir de bonnes notes dans cette matière.

– Vas-y sans moi, répond finalement Cloe. J'ai du mal avec cette couleur lavande. Et puis, Yasmin doit venir me retrouver ici.

– Oh, cool ! dit Sasha. Yas te sert de source

d'inspiration aussi ?

Cloe approuve :

– Ouais. Tu m'as donné beaucoup d'énergie. Maintenant j'ai besoin de quelqu'un comme Yasmin pour insuffler du calme à certaines parties du tableau. Elle transporte sa logique et son self-control partout avec elle.

Sasha comprend exactement ce que Cloe veut dire. Yasmin inspire d'emblée le respect. Elle est intelligente et on la voit souvent le nez dans un livre. Mais cela ne veut pas dire que Yasmin ne sait pas faire la fête. C'est aussi la reine du groove. Et, comme toutes les filles, Yasmin est passionnée de mode. Son style « bohémienne » se décline dans des tons ocre et dans des matières incroyables.

– OK, moi je t'ai refilé de l'énergie et Yas te refile son aura de calme contrôlé, résume Sasha à voix haute. Et Jade, elle t'apporte de l'inspiration ?

– Elle est passée ce matin, dit Cloe. Tôt... ce

qui était un méga-sacrifice pour elle. Tu sais comme Kool Kat aime dormir tard le week-end.

– Oui, c'est un oiseau de nuit, approuve Sasha.

– Je sais bien, répond Cloe. C'est pourquoi j'étais super-contente qu'elle accepte de m'accompagner au parc pour voir le soleil se lever. Je pensais que ce serait top si la lumière de l'aube se reflétait dans ses cheveux. Tu sais, les tons rouges, orangés et jaunes avec ses cheveux sombres, ça rend drôlement bien. Ça m'a pris du temps pour arriver à rendre les couleurs exactement comme je les voulais, mais j'ai réussi. Et puis, quand je suis avec Jade, ça me rend toujours un peu fofolle !

– Sa folie est contagieuse, admet Sasha en riant.

Jade est la plus délirante de leur bande. C'est elle qui lance toutes les modes au collège. Elle est vraiment originale.

– J'ai de la chance d'avoir d'aussi bonnes

copines. Je n'aurais jamais pu peindre ce tableau sans votre aide à toutes, déclare Cloe en souriant.

– Tu nous connais. Une pour toutes et toutes pour une... Alors, tu me fais voir ton tableau ?

– Sûrement pas ! s'écrie Cloe. Personne ne voit mon travail avant que ce soit terminé.

– D'accord ! D'accord !

L'expression paniquée de sa copine fait rire Sasha.

– Je respecte ton génie artistique, madame Van Gogh, se moque-t-elle. Mais promets-moi de ne pas te couper l'oreille !

Cloe éclate de rire en se rappelant que le fameux peintre Vincent Van Gogh s'était un jour coupé une oreille pour l'offrir à la femme qu'il aimait. Beurk ! Cloe est absolument certaine que la femme aurait préféré recevoir des chocolats.

– Ne t'inquiète pas, glousse-t-elle. Si je faisais ça, je ne pourrais plus porter les grandes boucles dorées que j'ai achetées la semaine dernière...

Chapitre deux

– OK, alors voyons ? demande Jade tout excitée en s'asseyant à côté de Cloe au cours d'arts plastiques, ce lundi matin.

– Allez ! Nous avons toutes contribué à ce chef-d'œuvre, quand même ! rappelle Yasmin à Cloe. Le moins que tu puisses faire c'est de nous le laisser voir avant, non ?

– D'accord ! admet Cloe. Mais je ne pense pas que « chef-d'œuvre » soit le mot approprié. N'oublie pas que c'est la première fois que je m'essaie à l'art abstrait...

– On dirait que notre ange est un peu stressé ! note Sasha. Relax, Cloe. Tu n'as encore jamais produit une œuvre d'art qui soit moche. Je parie que celle-ci est top !

La nervosité de Cloe est superflue. Dès qu'elle sort la toile de son grand carton à dessin, ses amies poussent des cris d'enthousiasme. En une seconde, la toile de Cloe atteint le but que les heures de cours de M. Del Rio ont manqué. Elles comprennent enfin ce qu'est l'art abstrait.

La toile est une folle somme de couleurs et d'émotions. Les traits de pinceau et l'intensité des couleurs dégagent exactement ce que Cloe espérait : une sensation d'émotions contradictoires. Certaines paraissent folles, d'autres paisibles, d'autres pleines d'une énergie sans fin... Une bonne représentation de ce qu'elles sont en fait.

– Le titre, c'est *Amitié*, explique Cloe.

– C'est clair ! lui dit Sasha.

– On nous voit bien dedans, admet Yasmin. Je sens nos énergies qui vibrent sur la toile.

– J'adore ! s'exclame Jade en se reculant pour admirer l'œuvre à distance. C'est encore plus dingue que toutes mes idées de mode !

Cloe est aux anges. C'est le plus grand compliment que Kool Kat puisse lui faire.

– J'espère que M. Del Rio va être de votre avis, dit Cloe. J'ai travaillé dur là-dessus.

À ce moment-là, comme dans une pièce de théâtre, le professeur entre dans la classe.

– Voulez-vous m'apporter vos devoirs ? demande M. Del Rio de sa voix directe et hautaine. Et cette fois-ci, mettez-vous en rang !

– Chef, oui chef ! murmure Jade comme un soldat, pour faire rire Sasha.

• • •

Cloe s'avance, sa toile sous le bras, vers l'avant de la classe, la pose sur un bureau et la cale contre le mur. Puis elle retourne s'asseoir et regarde les travaux des autres élèves. Il y en a beaucoup qui ont joué avec des formes géométriques ou qui ont jeté de la peinture sur la toile. Quelques-uns ont même essayé de faire une sculpture abstraite en terre ou en argile. Il y a quelques bons efforts mais il est clair que le tableau de Cloe sort du lot.

M. Del Rio, lui, n'a pas l'air d'accord et pire, il semble ne pas le voir. Il se borne à soupirer en le regardant, puis commence un autre cours ennuyeux.

– Ceci est un carré, dit-il en dessinant un carré au tableau. Il donne l'impression qu'enseigner à des ados est une torture.

– C'est lui qui est carré, murmure Sasha à Cloe pour essayer de lui remonter le moral. Le prof a ignoré tous les projets, mais Sasha sait que Cloe a mis beaucoup d'elle-même dans ce devoir. Normal qu'elle soit si déçue.

Cloe hausse les épaules.

– Mais vraiment, mon ange, continue Sasha. Il est à la masse. Il ne reconnaîtrait pas un chef-d'œuvre s'il l'avait devant le nez !

– Mesdemoiselles ! intervient M. Del Rio. Voulez-vous nous faire partager vos remarques ?

– Euh... non, monsieur, répond Sasha.

– J'espère que vous allez vous tenir, demain !

Nous avons un invité qui rend visite à notre classe, les informe M. Del Rio : monsieur Henri Duclou.

– Henri Duclou ? s'écrie Dylan, un des garçons de la bande de copains de Sasha, Yasmin, Jade, et Cloe. Bonjour le nom !

Toute la classe se met à rire.

– Très drôle, Dylan... continue M. Del Rio. Ce monsieur tient une galerie en centre ville. Il vient vous parler d'art abstrait. D'habitude, un homme aussi important ne vient pas dans un collège, mais c'est un ami et il a accepté de me rendre ce service. Je suis très flatté ! Aussi bien en tant que professeur qu'en tant qu'artiste...

Jade lève les yeux au ciel. M. Del Rio ne rate jamais une occasion de se faire un compliment.

– Je ne sais pas, mais Duclou ça fait plutôt penser au bâtiment, non ? dit encore Dylan.

Toute la classe rit de nouveau, sauf Cloe. Elle regarde son tableau, et une immense déception se lit dans ses yeux...

Le lendemain, quand Cloe arrive en cours d'arts plastiques, elle remarque immédiatement que M. Del Rio a accroché les projets tout autour de la classe.

– Duclou n'est pas encore là ? demande Dylan en se laissant tomber dans la rangée derrière Cloe. Cameron et Koby, les copains de Dylan, sont déjà assis dans la même rangée.

– Pas encore, répond Cloe.

– Il va sûrement être aussi barbant que M. Del Rio ! déclare Dylan.

– Tu n'en sais rien, le reprend Cloe. Peut-être qu'il sera super-intéressant ?

– Ça va mieux, mon ange ? demande Sasha en s'asseyant à côté de Cloe.

– Ça va, assure Cloe.

– Tu ne pensais quand même pas que M. Del Rio allait te faire un compliment ? lui demande Yasmin. Il ne dit jamais rien de gentil sur personne.

– Sauf sur lui-même, corrige Jade. Il

s'envoie tout le temps des fleurs.

À ce moment-là, leur professeur entre dans la classe.

– Avant de commencer ce cours, j'aimerais vous mettre en garde : je ne tolérerai pas vos âneries aujourd'hui, dit-il sèchement. Henri Duclou est un directeur de galerie important. Vous avez intérêt à ne pas me rendre ridicule. Il sera là d'une minute à l'autre.

– Je suis déjà là ! dit une grosse voix au fond de la classe.

La classe d'adolescents se retourne pour voir un homme vêtu d'un complet gris qui leur sourit.

– Bonjour ! lance-t-il à l'assemblée.

– Bonjour ! répond l'ensemble de la classe.

D'emblée, monsieur Duclou semble très sympathique, et il se lance dans un discours très intéressant sur l'art abstrait. Il s'avance dans la classe en faisant le tour des tables et en regardant les élèves, tandis qu'il leur parle de peintres et de sculpteurs qui se sont fait un nom. Au bout d'un long moment, Dylan bâille et pose la tête sur sa table.

– Dylan, chuchote Cloe, qui ne comprend pas que l'on puisse trouver M. Duclou ennuyeux. Allez ! c'est trop cool !

– Quoi ? murmure Dylan. Ça t'intéresse vraiment, ces artistes morts ?

– Oh ! Tous les artistes abstraits intéressants ne sont pas encore morts, intervient Henri Duclou.

Dylan devient rouge comme une tomate. Il ne pensait pas avoir parlé si fort.

– Justement, je suis en train de préparer une exposition de futurs artistes dans ma galerie. Ils sont tous pratiquement inconnus ! continue M. Duclou en s'adressant à Dylan.

– Oui, mais je parie qu'ils sont tous vieux ! riposte Dylan.

– Eh bien, plus vieux que toi, admet Henri Duclou. Enfin, pour l'instant. On ne sait jamais !

Avant que Dylan puisse lui demander ce qu'il veut dire, la cloche retentit. Immédiatement, les jeunes gens attrapent leurs affaires et se dépêchent de sortir. M. Duclou va vers M. Del Rio. Ils entament une conversation animée. Le professeur d'arts plastiques regarde vers la porte.

– Cloe, je peux te voir un instant ? dit-il d'un ton désagréable.

– Aïe ! dit Koby. Bon courage, mon ange.

Cameron lui donne un coup de coude.

– Arrête, Koby.

– Quoi ? demande Koby. Tu sais bien que ce n'est jamais bon signe quand il demande à te voir après le cours.

Les grands yeux bleus de Cloe s'embrument.

– Je n'ai rien fait de mal, dit-elle doucement.

– Peut-être qu'il n'est pas content parce que Dylan et toi avez chuchoté pendant le cours, suggère Koby.

– Impossible, dit Jade. Il aurait demandé à

Dylan de rester aussi.

– Et alors ? Pourquoi ? lui demande Koby.

Jade hausse les épaules.

– Tu veux qu'on t'attende là, Cloe ? lui demande gentiment Cameron.

Cloe ne sait pas quoi dire. Elle fixe M. Del Rio. Il a les sourcils froncés. Elle sait qu'il y a un problème.

– Vas-y, Cloe ! Sasha la pousse doucement. On t'attend ici.

• • •

Cloe rentre dans la classe et les deux hommes se retournent en silence pour la regarder. Drôle d'atmosphère ! Cloe est mal à l'aise.

– Vous voulez me voir, monsieur Del Rio ?

– En fait, c'est moi qui ai demandé à te voir, dit Henri Duclou. Je voulais te parler de ton tableau. Il est tout à fait remarquable.

Les grands yeux bleus de Cloe s'écarquillent d'un coup.

– Vous trouvez vraiment ? lui demande-t-elle surexcitée. Oh, monsieur Duclou, vous n'avez aucune idée de ce que cela me fait. Je m'intéresse à l'art depuis toujours. J'espère pouvoir entrer aux Beaux-Arts.

– Cloe, tu es déjà une artiste, lui répond M. Duclou. Extrêmement douée, d'ailleurs.

– Oh ! Eh bien, ça alors ! s'exclame Cloe.

Elle a du mal à en croire ses oreilles. Un galeriste pense qu'elle a du talent...

– Exactement ce que je pense, dit M. Del Rio en s'intéressant soudain à sa toile. Je l'ai su dès que je l'ai vue. Vous savez bien, Henri, combien je suis doué pour repérer le talent.

– Cloe, je me demande... continue M. Duclou sans prêter la moindre attention à M. Del Rio. Est-ce que tu voudrais montrer cette toile dans mon exposition sur les jeunes artistes ?

– Ma toile serait ravie... euh... Je serais ravie, bafouille Cloe en se mettant à rire nerveusement.

M. Duclou rit aussi.

– Eh bien, alors je l'emmène pour la faire encadrer correctement.

Il se retourne vers M. Del Rio.

– Si vous êtes d'accord, bien entendu ? Je suis certain que vous avez déjà noté ce travail d'exception.

– Ah bon ? répond M. Del Rio. Euh, oui ! Bien sûr ! Bien sûr !

– Parfait ! dit M. Duclou. Le vernissage est samedi prochain. Évidemment, tu es invitée à la fête, Cloe.

Une fête ! Dans une galerie d'art ! Et son tableau dans l'expo ! Cloe n'en revient pas, c'est la chose la plus incroyable qui lui soit jamais arrivée ! Vivement qu'elle le dise à ses amies ! Ah oui ! Au fait... Sans le concours de Sasha, Jade et Yasmin, Cloe n'aurait jamais pu réaliser sa toile...

– Monsieur Duclou, dit-elle d'une petite voix timide. Cette toile s'intitule *Amitié* parce que mes meilleures amies m'ont inspirée. Est-ce qu'elles peuvent m'accompagner ? C'est un peu leur projet aussi !

– Ah ! c'est si rafraîchissant de rencontrer une personne aussi gentille que talentueuse, dit M. Duclou. Amène qui tu voudras, tes amis sont mes amis.

Cloe remercie chaleureusement M. Duclou et sort en courant.

– Alors ? Qu'est-ce qu'il voulait ? demande Jade quand Cloe jaillit de la salle de classe.

– Je vais avoir des ennuis aussi ? demande Dylan.

– Tout va bien ! le rassure Cloe avec un énorme sourire. Même, mieux que bien ! Personne ne m'a grondée. C'était M. Duclou qui voulait me voir !

– Et il te voulait quoi ? demande Yasmin.

– Il voulait me dire combien il aime mon tableau. Et qu'il va le présenter à son exposition !

– Waou ! Trop top, Cloe ! crie Cameron.

Il la soulève dans ses bras et la fait tourner. Puis, soudain, il la repose et s'écarte en devenant tout rouge. Les autres se mettent à rire. Ils savent que Cameron adore Cloe. Et qu'il ne veut pas l'admettre.

– Mais attendez ! Ce n'est pas le mieux ! continue Cloe.

– Mieux ? Je ne vois pas ? demande Sasha.

– Il y a une fête à la galerie Duclou, le soir du vernissage, et nous sommes tous sur la liste des invités !

– Waou ! Une fête avec des artistes ! s'exclame Yasmin. Il faut fêter ça !

– Non, la contredit Jade.

– Et pourquoi pas ? dit Yasmin, surprise.

Jade secoue la tête :

– Plutôt une descente au centre commercial !

– Une descente au centre commercial ? demandc Yasmin. Ce n'est pas très festif !

– Si, pour nous, ça le sera ! répond Jade. Il

faut être bien habillé pour une fête élégante. Nous ne pouvons pas accompagner Cloe dans n'importe quelles fringues quand même.

Sasha approuve :

– Bien sûr, tu as raison. Après les cours, on fonce au centre commercial !

Chapitre trois

– Alors ? Qu'est-ce que vous en pensez, les filles ? demande Jade en sortant d'une cabine d'essayage dans une longue robe noire, très décolletée dans le dos.

– Kool Kat, tu es super belle, assure Yasmin. Très chic.

– Je n'ai pas terminé ! lui dit Jade. Elle va au rayon accessoires et choisit de longues boucles d'oreilles et une dizaine de fins bracelets.

Yasmin est impressionnée par la vitesse à laquelle Jade sélectionne les bons bijoux. En quelques instants, son look est passé de fabuleux à fabuleusement top et funky. Personne n'a autant de style que Kool Kat.

Yasmin s'est pris une petite robe courte de couleur chocolat, brodée de perles turquoise. C'est habillé et toujours dans les tons ocre si chers à Yas.

Le portable de Jade se met soudain à sonner. Elle déplie son minuscule téléphone violet.

– Allô?

– Allô, le Samu ? C'est pour une urgence de mode ! crie la voix fébrilement.

– Lapinou ! glousse Jade en reconnaissant Sasha. Où es-tu ?

– De l'autre côté du magasin, près des jupes.

Jade se retourne et aperçoit Sasha croulant sous une montagne de jupes.

– J'ai trouvé le haut mais je n'arrive pas à me décider sur la jupe ! Tu viens me conseiller ? C'est une urgence !

Jade éclate de rire.

– Relax. On arrive !

Elle se tourne vers Yasmin.

– Lapinou a besoin de nous !

Les filles traversent le magasin pour retrouver Sasha.

Sasha leur montre un débardeur en satin doré.

– Voilà ! Ça, c'est le haut ! Mais je ne sais pas ce qui va avec ? dit-elle en montrant le tas de jupes.

– J'aime bien cette longue jupe noire fendue, dit Yasmin en décrochant le cintre.

– Laisse tomber ! Il faut qu'elle mette du court ! argumente Jade en montrant une mini jupe noire et or. Tu pourrais mettre les sandales à talons compensés que tu as achetées la semaine dernière ?

Yasmin lui montre alors une petite robe à bretelles, bleu électrique avec un haut rose fuschia.

– Et ça ? Je trouve que ça a des bonnes ondes hip hop !

– Je n'y aurais jamais pensé... avoue Sasha. Mais c'est vrai que c'est mon style. Je savais que vous alliez me dépanner.

Cloe sort de la cabine d'essayage.

– Je suis comment ? demande-t-elle à ses amies.

Sasha, Jade et Yasmin se contentent de la regarder avec admiration.

– Cloe, tu es trop classe ! s'extasie Jade.

– Sérieux, mon ange ! insiste Sasha. Je ne t'ai jamais vue aussi belle !

– On dirait que tu sors direct d'un tableau, ajoute Yasmin. C'est parfait pour un vernissage dans une galerie d'art !

Cloe porte une longue combinaison fluide en soie. Le tissu est un mélange de vert printemps et de bleu intense avec des petites taches de blanc et de noir. Elle s'est arrangée pour trouver un tissu qui fasse ressortir ses yeux bleus et ses longs cheveux blonds.

– Tu as trouvé ! N'essaie pas autre chose, assurent ses amies.

– Oh, la la ! je suis claquée, gémit Yasmin. Je vais payer et puis aller me reposer avant d'attaquer tous les devoirs qu'on a à faire ce soir.

– Je te suis, ajoute Jade tandis qu'elles vont se changer.

Quelques minutes plus tard, Yas, Jade et Sasha sont en train de régler leurs achats.

– Il faut vraiment qu'on rentre. N'oubliez pas le contrôle de maths demain ! leur rappelle Yasmin.

Sasha gémit :

– Comment veux-tu que j'oublie ? La géométrie a été inventée pour nous torturer !

Cloe les rejoint. Elle a pris son temps pour s'admirer, bien qu'elle soit trop timide pour l'avouer.

– C'est gentil de te souvenir que nous existons, mon ange ! se moque Sasha. Allez, paye et on file !

– C'est le moment le plus douloureux ! plaisante Cloe en tendant sa carte bancaire à la caissière.

Celle-ci introduit la carte dans le terminal de paiement puis elle plie la robe avec précaution. Mais avant que la caissière ne mette la robe dans le sac, le terminal fait un bip.

Les yeux de Cloe s'illuminent.

– Un job ! Voilà une idée !

– Vraiment ! approuve Jade. Elle se tourne vers Sasha. Et ta tête ? D'habitude, c'est toi qui trouve les solutions !

Sasha éclate de rire.

– J'étais trop inquiète pour la robe ! dit-elle en blaguant.

Les filles sortent du magasin. Sasha, Jade et Yasmin tournent en direction des restaurants. Cloe part dans l'autre sens.

– Hé ! Tu ne viens pas manger un petit truc ? lui demande Sasha.

Cloe secoue la tête.

– Je n'ai pas le temps : il faut que je cherche un job. Je tiens à acheter cette robe.

Chapitre quatre

Cloe a de la chance. En quittant ses amies, elle passe devant le Make-up Mirror, un magasin de maquillage. Sur la vitrine, un panneau indique :

« Cherchons vendeuse à temps partiel »

La responsable regarde Cloe, qui est toujours parfaitement maquillée, et l'engage sur-le-champ.

L'après-midi suivante, Cloe se retrouve derrière la caisse ! Son job lui plaît beaucoup. Elle passe l'après-midi à faire essayer du fard à paupières, de l'eye-liner, du blush et du gloss. Puis elle incite gentiment les clientes à acheter ces produits.

– Si vous ajoutez une touche de fard plus clair sous le sourcil, cela illumine l'œil ! dit-elle à une jeune maman fatiguée qui est entrée dans le magasin avec son bébé.

– Il faudrait plus que ça pour illuminer mes yeux, soupire la femme. Cela fait des nuits que je ne dors plus.

– Mais cela vous embellit, insiste Cloe. Elle lui tend un miroir. Vous voyez ?

La jeune femme se regarde et un sourire éclaire son visage. Oui, je crois que je vois; admet-elle.

– Alors, vous le prenez ? lui demande Cloe.

– Oui et le tube de rouge à lèvres que vous m'avez montré aussi. C'est étonnant ce qu'un peu de gloss peut changer.

– N'est-ce pas ? renchérit Cloe.

Elle se baisse derrière le comptoir pour prendre les produits puis elle tape les montants sur la caisse.

– Merci ! dit-elle avec un joyeux sourire en tendant ses achats à la jeune maman.

– Non, merci à vous ! répond la femme. Vous êtes vraiment aimable.

– Regardez mon ange ! retentit la voix de Jade à l’extérieur tandis que Sasha, Yasmin et elle-même entrent dans le magasin.

Cloe considère le trio avec curiosité.

– Qu'est-ce que vous faites là ? Je croyais que vous étiez fauchées et que vous ne veniez plus au centre commercial ?

Sasha sourit.

– On n'a pas pu s'en empêcher en te sachant là. Et puis nous ne sommes pas obligées d'acheter.

– On peut faire du lèche-vitrines, enchaîne Yasmin.

– Et regarder les beaux garçons ! ajoute Jade avec un sourire mutin.

– Et puis on peut tester des produits de maquillage ! dit Sasha en ouvrant un testeur de rouge à lèvres. C'est joli, dit-elle en regardant la couleur orangée, un peu ocre.

– Ça s'appelle « Lever de soleil à Sienne », récite Cloe.

– Joli nom ! murmure Sasha en ouvrant un autre tube, marron foncé.

– « Miel soutenu », lit-elle sur le bas du tube.

Sasha se tourne vers ses amies.

– On se demande qui invente ces noms de maquillage.

– Ça me plairait comme job, intervient Yasmin. Ça m'irait bien. J'adore jouer avec les mots et avec le maquillage.

– Jouer avec le maquillage, c'est sympa, acquiesce Cloe. Je m'éclate trop. C'est comme si chaque cliente était une toile vierge qu'il fallait que je peigne.

– Oh, j'adore ça ! dit Jade en ouvrant un pot de paillettes bleu électrique.

– Attention ! l'avertit Cloe. Ça se renverse très...

Aïe ! Trop tard ! Une pluie de paillettes se répand sur le comptoir et dans un autre pot de démonstration.

– Pardon, Cloe, s'excuse Jade.

– Pas grave. Ça arrive tout le temps, la rassure Cloe en prenant un chiffon humide pour essuyer le comptoir.

– Hé, regardez ça ! dit Sasha en voyant du fard à paupières vert printemps liquide auquel des paillettes bleues se sont mélangées. Ce serait parfait avec la robe que tu as retenue chez Unique Boutique.

– Waou ! Tu as raison ! s'exclame Cloe tout excitée. C'est joli, les deux ensemble ! Elle en met un peu sur le bout de son doigt et le passe sous son arcade sourcilière. Les paillettes, ça fait glamour, vous ne trouvez pas ?

– Total, approuve Sasha.

– C'est énervant d'être obligé d'en acheter deux pour arriver à une combinaison comme ça, constate Cloe. Ça serait cool si on pouvait créer sa propre ligne de maquillage, et puis ça ferait des économies.

Elle prend un pot de démonstration de gloss rose pâle et en mélange un peu avec du rouge plus soutenu.

– Tu vois, par exemple, en mélangeant ces deux couleurs, on obtient un résultat plus sympa.

– Tu as raison, dit Yasmin en versant quelques paillettes dorées dans un pot de fard à paupières marron.

Elle contemple quelques instants le résultat.

– Ce serait joli avec la nouvelle robe courte que j'ai achetée pour le vernissage. Je ne peux pas acheter les deux pots mais un, oui je pourrais trouver l'argent.

– Je me demande si ça le fait aussi avec du blush ? dit Sasha en prenant deux échantillons pour les combiner.

– Oh ! oui. C'est super ! dit-elle en regardant la couleur apparaître.

– Qu'est-ce que vous faites ? demande une dame en s'approchant du comptoir. Elle porte un badge « Responsable » sur sa blouse blanche.

– Nous avons eu une super idée ! lui

annonce Cloe tout excitée. Nous combinons les couleurs. Le résultat est superbe. Regardez !

Cloe lui montre le fard à paupières vert et bleu et sourit avec enthousiasme.

– Et puis, ça coûterait beaucoup moins cher...

– Nous ne voulons surtout pas que ça coûte moins cher, lui répond la responsable sans ménagement. C'est un commerce, ici. Ce qui nous intéresse, c'est que les clientes dépensent leur argent.

– Euh, nous étions juste... commence Cloe.

– Regardez-moi ce désordre, soupire la responsable en passant derrière le comptoir et en commençant à jeter les échantillons que les filles viennent de créer. Il faudra sortir de nouveaux échantillons.

Cloe obéit.

– Oui, madame. Je le fais de suite.

La responsable fronce les sourcils et secoue la tête.

– Non, c'est inutile.

– Mais, vous venez de dire qu'il faut sortir d'autres échantillons, insiste Cloe.

– Vous ne travaillez plus ici.

Cloe écarquille les yeux.

– Je suis virée ? demande-t-elle, surprise.

– Je n'ai pas le choix, répond la responsable. C'est un magasin de maquillage, pas un atelier d'artiste. Vous ne pouvez pas mélanger les couleurs à votre guise.

Cloe ne répond pas. Elle a compris que la responsable ne changerait pas d'avis.

– Quand est-ce que je peux passer prendre mon chèque pour aujourd'hui ? demande-t-elle poliment.

– Votre chèque ? Vous plaisantez ! Cela ne paiera même pas les échantillons.

La mort dans l'âme, Cloe se dirige vers le vestiaire pour récupérer ses affaires.

– Je suis vraiment désolée, mon ange, dit Jade en voyant Cloe sortir du magasin avec une tête d'enterrement. C'est ma faute, si je n'avais pas renversé les paillettes bleues, ce ne serait pas arrivé.

– Ce n'est pas ta faute, Kool Kat, la rassure Cloe.

– Cette femme n'a aucune imagination ! ajoute Yasmin. Sinon, elle aurait compris que nous lui avons donné une super idée. Une idée qui pourrait révolutionner le maquillage.

– En tout cas, j'ai perdu mon job ! soupire Cloe. Et toujours pas d'argent. Tant pis, je ne porterai pas la robe pour le vernissage...

– Pourquoi ? lui demande Sasha. Ce n'est pas le seul endroit où tu peux travailler dans cette ville. Il faut que tu trouves un job où les gens t'apprécient. En attendant, sortons du centre commercial et allons à Joe’s Pizzeria. Je vous invite. Il me reste assez d'argent.

Chapitre cinq

En rentrant dans la pizzeria, Sasha remarque un panneau « Recherchons serveuse » placé sur le comptoir.

– C'est parfait pour toi, Cloe, dit Sasha à son amie. C'est cool de travailler dans un endroit comme ça. Tu manges bien... miam !

– Tu vois des beaux garçons... ajoute Jade en regardant deux adolescents à la table d'à côté.

– Et tu récoltes plein de pourboires, ajoute Yasmin en ramenant la conversation sur le sujet important.

Cloe secoue la tête.

– Les filles, vous n'avez pas bien lu. Ils disent « Expérience exigée ». Je n'ai jamais travaillé comme serveuse.

– Mais tu connais bien la pizza ! dit Sasha. On en mange tout le temps ! Allez, va parler à

Joe.

Et elle pousse gentiment Cloe vers le propriétaire de la pizzeria.

Cloe respire à fond, puis s'avance vers Joe qui est en train de parsemer d'origan une pizza au peperoni.

– Hum ! je vois que vous cherchez une serveuse ? demande-t-elle doucement..

Joe lève les yeux de sa pizza.

– Ouais, ma serveuse est partie. Il me faut quelqu'un immédiatement.

– Je peux commencer tout de suite, lui dit Cloe.

– Très bien. Qu'est-ce que tu as comme expérience ? demande Joe.

– Euh, je n'en ai pas vraiment mais je travaille dur et j'apprends vite.

Joe secoue la tête.

– Écoute, ça ne va pas être possible. Je n'ai pas le temps de te former et...

– Eh ! Joe, ça vient, là, ou quoi ? crie l’un

des adolescents.

– Ouais, je crève la dalle, ajoute l' autre.

Joe regarde la pizza, le four puis les clients affamés.

– Je n'ai pas assez de mains ! gémit-il.

– Laissez-moi vous aider, dit Cloe en réagissant vite. Elle prend deux assiettes en carton et glisse deux parts de pizza dessus, puis se dépêche de les apporter aux garçons.

– Merci, dit le premier. J'étais prêt à manger le piment.

– Ça aurait mis un peu de piment dans ta vie ! se moque-t-elle gentiment.

– Tu peux nous apporter des sodas ? demande l'autre garçon.

– No problem, dit Cloe. Je reviens tout de suite.

Elle retourne au comptoir à toute allure.

– Joe, il me faut deux sodas.

Le propriétaire se met à rire.

– Tu me forces un peu la main, non ?

Cloe hausse les épaules.

– Si vous ne voulez pas... dit-elle en baissant la voix.

– Joe, ça vient cette pizza ? crie un autre client depuis sa table.

– N'oublie pas nos sodas ! crient alors les garçons.

Joe lève les mains au ciel.

– T'as gagné ! Je t'embauche.

Cloe saute de joie.

– Oh, merci, Joe ! s'exclame-t-elle. Vous ne le regretterez pas.

• • •

Sasha, Jade et Yasmin ne voient plus Cloe. Dès qu'elle termine au collège, elle court à la pizzeria. Du coup, les filles ont compris : si elles veulent voir Cloe, il faut qu'elles se rendent à son travail.

– Salut, mon ange ! tonne Jade sur le seuil de

la pizzeria, tandis que les trois filles entrent.

– Salut, les filles ! les accueille Cloe. Asseyez-vous, j'arrive pour prendre votre commande.

– Waou ! elle paraît très pro, remarque Yas en se glissant sur une banquette.

– Alors, qu'est-ce que vous voulez, les filles ? demande Cloe en arrivant à leur table. Elle tient un carnet et un stylo.

– Cool, le stylo, remarque Yasmin en voyant le stylo fantaisie rose fuchsia avec des plumes au bout.

– Merci, dit Cloe. J'ai trouvé ça rigolo.

– En parlant de rigolo, commence Sasha, comment va ton job, ici ?

– C'est super. Je rencontre plein de gens et je peux avoir toute les pizzas que je veux. Vous savez comme elles sont bonnes !

– Pourquoi tu crois qu'on vient ? blague Jade.

– Hier, on a eu la visite d'un critique gastronomique. Il a adoré la pizza végétarienne ! Je suis sûre qu'il va faire un super article et qu'on va avoir encore plus de clients. Donc, encore plus de pourboires pour moi ! explique Cloe avec enthousiasme.

– Alors tu t'amuses... même sans nous ? demande Jade, qui semble un peu contrariée.

– C'est pas pareil. Les clients sont vraiment sympa. Mais je travaille dur et j'ai mal aux pieds à la fin de mon service.

Elle baisse les yeux sur les sandales à talons compensés en cuir bleu qu'elle porte ce jour-là.

– Peut-être que tu devrais t'acheter des chaussures plates ? suggère Sasha.

Cloe secoue la tête.

– Si j'en achète, je dépense l'argent de la robe.

– En parlant de ça, intervient Jade. Tu crois que tu vas avoir l'argent à temps ?

– Je pense que je vais y arriver grâce aux pourboires, dit-elle en tapotant la poche de son tablier. Puis elle regarde vers le comptoir, où Joe est en train de déposer une pizza.

– Écoutez, il faut que je serve une famille, à la table n°3. Vous n'avez qu'à choisir en attendant. Je reviens.

Sasha, Yasmin et Jade regardent Cloe porter un grand plateau et le poser sur la table des clients. Elle sourit gaiement et blague avec les enfants.

– On dirait que ça lui plaît bien comme travail, dit Yasmin.

– Dommage qu'elle n'ait plus le temps de peindre, remarque Jade en fronçant les sourcils. Ou pour nous appeler, ou venir dormir, ou tout ce que nous faisons ensemble d'habitude.

– Oh ! ça ne va pas durer, rappelle Sasha. Une fois qu'elle aura l'argent pour sa robe, je suis sûre que Cloe travaillera moins.

– Bon, dit Jade en la regardant apporter des boissons à une autre table. Parce qu'elle commence à me manquer...

• • •

Samedi matin, Cloe arrive en avance pour dresser les tables avant le rush du déjeuner. Elle a encore mal aux pieds et elle est épuisée, mais elle sait que Joe est déjà là et qu'il va lui ouvrir. Effectivement, en arrivant, elle voit la voiture de Joe garée sur le parking. Mais soudain, son œil s'arrête sur un panneau apposé à la porte d'entrée : « Fermeture définitive ». Ses grands yeux bleus s'écarquillent. Elle n'y croit pas. Comment le restaurant peut-il fermer ? Le soir d'avant, c'était plein à craquer !

– Oh, Cloe ! tu es là, lui dit Joe quand elle fait le tour par derrière. Il porte quelques objets personnels. Un livre de cuisine et les photos noir et blanc de célébrités qui décoraient la pizzeria.

– J'ai essayé de t'appeler hier soir, mais tu n'as pas répondu.

– Je n'ai rien entendu, avoue Cloe. J'étais tellement fatiguée que je devais dormir. Qu'est-ce qui se passe ? Vous ne fermez pas ?

– Oh, que si, dit Joe en ouvrant le coffre de

sa voiture pour entasser ses cartons.

Cloe le regarde avec curiosité. Il n'a pas l'air ennuyé à l'idée de fermer son commerce. En fait, il a carrément l'air content.

– Que s'est-il passé ? lui demande-t-elle.

– Le critique gastronomique... commence Joe.

– Mais il a adoré votre pizza, l'interrompt Cloe. Il a dû me le répéter au moins dix fois. Je ne comprends pas qu'il ait fait un mauvais article.

– Cloe... essaie de dire Joe.

Mais Cloe n'écoute plus...

– Un article ne peut pas ruiner un restaurant comme le vôtre. Vous avez des clients fidèles, Joe. Et je vous jure qu'il n'arrêtait pas de vous faire des compliments, ce critique !

– Tu as tout à fait raison. Il l'a tellement aimée, ma pizza, qu'il a téléphoné à un de ses amis sur la chaîne de TV Cuisine. Ils cherchaient un chef pour leur émission Pizza.

Ils me veulent ! Mais comme l'émission est enregistrée dans le Sud, je dois déménager.

Cloe secoue la tête en essayant de digérer la nouvelle.

– OK, laissez-moi une seconde... Hier, vous aviez une pizzeria et, aujourd'hui, vous êtes la vedette d'une émission TV ? demande-t-elle.

– Oui ! dit Joe fièrement. Je vais devenir une star, enfin peut-être pas tout de suite. C'est sur une chaîne du câble. Il se peut qu'un jour on m'appellera le Roi de la Pizza ! Tu veux un autographe ?

Cloe secoue encore une fois la tête.

– Non merci, mais c'est gentil quand même.

Joe hausse les épaules.

– Peut-être qu'un jour ça vaudra de l'argent !

Cloe ne pense plus qu'à une chose : sa sublime robe. Elle a gagné de l'argent comme serveuse, mais il lui en manque encore.

– Un jour, c'est déjà trop tard ! dit elle en poussant un gros soupir.

Chapitre six

Cloe est terriblement déçue, alors elle fait ce qu'elle fait toujours quand elle est déprimée : un tour au centre commercial. Elle se promène un moment, en regardant les dernières tendances, les gens, et tous les vêtements qu'elle ne peut pas se payer.

Elle s'arrête devant l'entrée d'un des grands magasins. Il y a une affiche sur le mur :

« Les meilleures œuvres de jeunes artistes à la galerie Duclou. »

Cloe sourit à l'idée de savoir qu'elle en fait partie. M. Duclou s'y connaît en matière de publicité. Ces derniers jours, elle a remarqué des affiches partout en ville. Il y a aussi des annonces dans le journal local et à la radio. M. Del Rio a même mis un petit panneau dans leur salle de classe pour annoncer l'évènement, sans beaucoup d'enthousiasme...

Cloe imagine qu'il va y avoir beaucoup de monde à l'exposition. En même temps, cela lui fait peur de penser qu'on va regarder son travail. Est-ce que cela plaira ? Comprendra-t-on le message qu'elle essaie de faire passer ?

Cloe se concentre pour chasser ses pensées noires. Il faut qu'elle soit positive et qu'elle se débrouille pour gagner assez d'argent pour acheter sa robe. Elle se rend compte que son obsession au sujet de la robe repose sur le fait que quand elle travaille, elle ne pense pas au vernissage de l'exposition. Aux critiques et aux collectionneurs qui seront là...

Les yeux de Cloe se posent alors sur une affichette :

« Photographe recherche assistant(e).
Débutant(e) accepté(e). »

Elle entre dans le magasin et se rend au département photo.

Un homme en jean avec un col roulé

marron, assez grand, est en train d'essayer un appareil photo quand elle arrive. Il lève les yeux et la regarde.

– Laissez-moi deviner ? Vous voulez un portrait ?

Cloe le regarde avec curiosité.

– Un quoi ?

– Un portrait. Vous êtes actrice, non ? Ou mannequin ?

Cloe secoue la tête.

– Non. Moi, je suis artiste. Mais là, j'espère être assistante photographe.

– Ah ! Vous venez pour l'annonce, dit l'homme en tendant la main. Moi, c'est Bob. Je suis le photographe. Et vous êtes...?

– Cloe ! répond-elle. Vous cherchez toujours quelqu'un ?

Bob acquiesce.

– Ce n'est pas difficile comme job. Je cherche quelqu'un qui fasse rire les enfants, ou en tout cas qui les empêche de pleurer, pendant que je les prends en photo. Vous pouvez faire ce que vous voulez : des grimaces, des blagues, des cris d'animaux. Du moment qu'ils sourient. Vous pensez en être capable ?

– Oui, je crois, répond Cloe, bien qu'elle n'en soit pas persuadée.

– Vous aimez les enfants ?

Cloe n'a jamais travaillé avec des enfants auparavant. Mais elle n'a rien contre.

– Qui n'aime pas les enfants ? dit-elle en contournant un peu la question.

– OK, vous allez faire un essai. J'ai un gamin qui arrive dans quelques minutes. Voyons si vous pouvez être drôle...

• • •

Le premier client est un gamin ronchon de trois ans, qui se prénomme Marty.

– Il n'a pas fait sa sieste, explique sa maman en lui présentant Cloe. Alors il sera peut-être un peu difficile. Mais je veux avoir la photo avant l'arrivée de ma belle-mère.

– Pas de problème, répond Cloe. Le photographe arrive. Il prépare la prise de vue.

La maman de Marty lui tend un biscuit.

– Mange ça, chéri, c'est bon !

Marty met le biscuit tout entier dans sa bouche, le mâche quelques instants puis recrache le tout sur la blouse de Cloe.

– Hé ! crie Cloe, surprise.

– Oh, je suis désolée ! Il ne doit pas avoir envie de biscuit, soupire la maman de Marty.

– Ce n'est pas grave, dit Cloe en secouant sa blouse pleine de bouts de biscuit collants.

– OK, on va commencer, dit Bob.

Cloe emmène Marty vers les marches recouvertes de moquette pour l'installer.

– Allez, fais-moi un beau sourire, lui demande Cloe gentiment.

Marty croise les bras et fait la tête.

– Pas prendre photo !

– C'est pour ta Mamy, lui rappelle Cloe.

– Veux pas ! Veux pas !

Marty tourne la tête. Bob voit son dos maintenant...

– Allez, un sourire, dit Cloe en faisant une grimace.

Marty se retourne mais il ne sourit toujours pas.

– Tu veux que je te raconte une histoire ? lui demande Cloe.

Marty secoue la tête.

– Et...

Avant qu'elle ait fini sa phrase, le petit garçon lui tire très fort les cheveux.

– Aïe ! crie Cloe. Tu m'as fait mal !

Marty regarde les cheveux décoiffés de Cloe et éclate de rire.

– Toi, un monstre ! dit-il en riant.

Vite, Bob prend la photo.

– Parfait ! Bien joué, Cloe !

Cloe passe le reste de la matinée à faire

sourire des enfants. Ce n'est pas facile. Beaucoup de petits détestent qu'on les prenne en photo. Mais les parents les forcent.

Ses vêtements sont couverts de taches et elle a envie de pleurer en regardant le désastre. Elle a une énorme auréole de jus de raisin due à une petite Lola qui a piqué une crise terrible en lui envoyant sa boisson à la tête. Elle est sûre que ça ne partira pas !

Enfin, elle a droit à une pause. Elle s'assied pour reposer ses pieds qui lui font toujours mal. Son portable sonne.

– Allô?

– Mon ange, nous sommes passées à la pizzeria et c'est fermé ? lui demande Sasha.

Cloe soupire.

– Longue histoire. Joe est parti dans le Sud devenir une star, et moi je suis au centre commercial en train de devenir chèvre.

– Pardon ?

– Je travaille pour le photographe dans le

grand magasin.

– Sympa ! s'enthousiasme Sasha.

– Bof !

– Bof, quoi ?

– C'est pas top.

– Tiens bon, nous arrivons.

Cloe sourit. Cela lui fera du bien de voir ses copines.

– Dépêchez-vous. Je craque !

• • •

– Hou là ! Qu'est-ce qui t'arrive ? demande Jade en déboulant avec Sasha et Yasmin. Tu es dans un état !

Cloe lève les yeux avec lassitude. Elle est en train de ranger des jouets.

– Salut à toi aussi, Kool Kat, répond Cloe d'un ton ironique.

– C'était pas cool, Jade ! la reprend Yasmin.

– Quoi ? C'est vrai ! insiste Jade. On dirait

qu'elle s'est battue avec un mixeur.

– Pas loin, dit Cloe à ses amies. C'est l'horreur d'essayer de faire sourire des gamins quand ils ne veulent pas.

– Tu veux dire qu'il y a des enfants qui n'aiment pas qu'on les prenne en photo ? demande Jade. Moi, j'ai toujours adoré ça !

Sasha éclate de rire. Jade est toujours la première à se présenter devant un objectif.

– Ça ne m'étonne pas, se moque-t-elle. Puis elle se tourne vers Cloe.

– Tu as vraiment l'air épuisée.

– Je sais, reconnaît Cloe. Je suis sale, et en plus je n'arriverai jamais à faire partir ces taches. Ça va me coûter un max. Plus que ce que je vais gagner !

– Alors, pourquoi tu continues ? lui demande Sasha.

Cloe ne sait pas quoi répondre.

– Arrête ! Tu ne peux pas continuer si ça te coûte plus cher que ça ne te rapporte, lui

de trouver quelqu'un pour une si courte
e !

s yeux de Cloe s'illuminent. Une semaine,
xactement le temps qui reste avant le
age. Si elle peut travailler au *Salon*
a ce week-end et après ses cours au
, elle pourra acheter sa robe.

peux peut-être vous aider ? dit-elle alors.

rdon ? demande la directrice en la
nt avec surprise.

cherche justement un job à temps
Je ne peux pas travailler pendant mes
le cours, mais...

sourire revient sur le visage de la
e.

n dites pas plus ! Je vous prends. Venez
vous montre comment fonctionne le

passe de l'autre côté de la réception et
dans le fauteuil confortable de la
niste.

conseille Sasha.

– Mais je n'ai pas le choix !

– Pourquoi ? demande Yasmin. Tu sais, mon ange, quelquefois il faut savoir partir.

– Hou là, c'est profond ! remarque Jade, vraiment impressionnée.

– Tu as raison, soupire Cloe. La vérité, c'est que je ne suis pas à ma place. Je suis nulle pour faire sourire les gens quand ils s'y refusent. Bob trouvera quelqu'un de beaucoup mieux.

Elle se dirige alors vers le bureau.

– Où vas-tu ? lui demande Jade.

– Donner ma démission, répond Cloe.

– Attends ! dit Jade. Demande-lui s'il veut bien prendre une dernière photo ?

– De qui ? demande Cloe.

Jade passe les bras autour des épaules de Sasha et de Yasmin.

– De nous quatre, bien sûr !

Chapitre sept

Cloe se réveille le lendemain matin, complètement frustrée. Bien qu'elle doive économiser pour sa robe, elle ne pense qu'à une chose : se précipiter au *Salon 'N' Spa* pour se détendre. Tant pis, elle va prélever un peu sur l'argent si durement gagné à la pizzeria. Elle saute dans sa décapotable et fonce à l'espace de remise en forme.

Pourtant, Cloe ne trouve pas la sérénité tant espérée au *Salon 'N' Spa.* Pis que cela, le désordre le plus total règne dans l'établissement : il y une longue file d'attente composée de femmes de mauvaise humeur, le téléphone sonne sans que personne réponde et les nouveaux clients, laissés à eux-mêmes, errent dans les couloirs sans savoir où ils doivent se rendre pour leurs soins.

Cloe est très étonnée.
Elle remarque qu'il n'y a p
que la directrice est ob
clients. Celle-ci d'ordina
et élégante, un modèle de
elle est toute rouge et
négligée. Un comble ! C
son tour en se demanda
passer.

– Bonjour, dit-elle à
guère souriante. Est-ce
pédicure ?

– Pas aujourd'hui,
tournant fébrilement
Demain peut-être, mais

– Pardon, mais que
l'air débordée ?

– Ne m'en parlez p
Notre réceptionniste s
téléphoné ce matin
absente pendant une

ten
pér

c'es
verr
'N'
coll
–
–
regar
–
partie
heure
Le
direct
– N
ici et
standar
Clo
s'assiec
réceptic

– Alors, voici le planning. Vous demandez au client ce qu'il désire, puis vous le notez selon les colonnes dans coiffure, soins du visage, manucure, pédicure ou massage, en indiquant son nom. Vous me suivez ?

Cloe regarde le gros classeur.

– Oui, je crois que je vais y arriver, assure-t-elle d'un ton confiant, alors qu'en elle-même les questions se bousculent.

– Je n'en doute pas. Vous allez vous débrouiller. Vous m'avez toujours donné l'impression de vous sentir très à l'aise chez nous ! lui dit la directrice aimablement.

– Oui, madame, mais j'étais de l'autre côté !

La directrice se met à rire.

– Détendez-vous ! Vous ne faites pas les soins. Vous devez être souriante, disponible et à l'écoute des clients. C'est tout à fait vous, Cloe ! Vous êtes un cadeau du ciel.

« J'espère que vous avez raison », pense Cloe.

– Ah oui une dernière chose ! Vous devez laver les serviettes que les clients déposent dans les bacs en partant. Vous savez vous servir d'une machine à laver ? lui demande la directrice.

Cloe acquiesce.

– Oui, pas de problème !

Le téléphone se met à sonner.

– C'est pour vous ! lui dit la directrice avec un grand sourire. Ne vous inquiétez pas, mon bureau est dans le couloir si vous avez besoin de moi.

La directrice s'en va aussitôt.

Cloe décroche le téléphone.

– Bonjour ! Cloe du *Salon 'N' Spa*, puis-je vous aider ? demande-t-elle d'une voix douce.

• • •

La matinée passe à toute vitesse. Le téléphone sonne constamment et Cloe s'arrange pour trouver des rendez-vous aux clients en les satisfaisant au mieux des possibilités.

Mais travailler au Salon ‘N’ Spa n'est pas aussi amusant que d'y être cliente. Cloe sent une touche d'envie en voyant passer les clients dans leurs épais peignoirs blancs en éponge, avec leurs tongs qui font flip flop. Le *Salon ‘N’ Spa* a toujours représenté un havre de paix où elle va se détendre seule ou s’accorder une journée de rires avec ses copines. Elle ne sait plus combien d'après-midi elle a passés ici avec Sasha, Jade et Yasmin, à s’efforcer de ne pas rire pour ne pas faire craquer leurs masques ou à attendre que leur vernis sèche.

Cloe a maintenant une vision différente du centre, entre la sonnerie incessante du téléphone et les manucures, masseuses et esthéticiennes qui se croisent en échangeant des signes silencieux pour ne pas déranger les clients dans leurs cabines.

Mais Cloe ne se plaint pas du tout. Les employés du centre sont gentils avec elle et les clients d'excellente humeur. Qui ne le serait pas après une séance de remise en forme ? Et surtout, elle réunit l'argent tant désiré !

Le téléphone sonne de nouveau.

– Allô ? Cloe, de *Salon 'N' Spa*...

Cloe se débrouille pour satisfaire le client quand une esthéticienne arrive devant la réception et attend patiemment que Cloe termine.

– Dis-moi ? Je commence à manquer de serviettes, tu peux m'en donner, s'il te plaît ? lui demande aimablement l'esthéticienne.

Glups ! Cloe a complètement oublié de laver serviettes et peignoirs.

– Je m'en occupe ! dit-elle. Vous en avez besoin dans combien de temps ?

– Détends-toi ! Je prends ma pause maintenant et je reviens dans une heure. Mais tu as intérêt à t'y mettre, les autres vont t'en réclamer aussi.

– J'y vais ! dit Cloe en se levant d'un bond.

La buanderie est située dans une petite pièce close juste derrière la réception. Cloe s'y précipite en laissant la porte entrebâillée au cas où le téléphone sonnerait. Tous les bacs sont déversés dans cette pièce, et la quantité de linge amoncelée en une matinée est incroyable.

Cloe prend une brassée de serviettes et de peignoirs et les met dans la machine à laver industrielle. Puis elle ajoute le détergent et démarre le cycle de lavage mais avant qu'elle n'ait pu refermer le couvercle, le téléphone sonne.

Cloe se précipite à la réception.

– Allô ! Cloe, du *Salon 'N' Spa*, puis-je vous aider ?

– C'est une catastrophe, mademoiselle ! Je sors ce soir et je me suis réveillée avec un énorme bouton. Il me faut un rendez-vous avec l'esthéticienne !

– Oh ! je comprends, mais toutes nos esthéticiennes sont prises aujourd'hui ! répond gentiment Cloe.

– Mais comment vais-je faire ? demande la jeune femme au bord des larmes. On dirait un volcan !

– Calmez-vous ! Vous pouvez le traiter vous-même.

– Ah bon ? questionne la jeune femme.

– Oui, vous faites une bonne toilette faciale en finissant à l'eau froide, cela retend la peau. Puis vous mettez de la crème pour boutons, mais seulement sur le bouton, pas autour. Et juste avant de sortir, n'oubliez pas de remettre un peu de fond de teint dessus. Enfin, vous poudrez légèrement.

– Merci ! Merci, mademoiselle ! Je savais que *Salon 'N' Spa* m'aiderait.

– Je vous en p...

Cloe n'a pas le temps de terminer sa phrase. Quelqu'un hurle son nom derrière elle. Elle raccroche et se retourne pour voir la directrice, trempée, avec de la mousse un peu partout.

– Cloe ! Qu'est-ce que vous avez fabriqué ?

– Que se passe-t-il ? s'exclame Cloe.

– J'allais vous poser la même question, lui dit la directrice d'un ton coupant. Je suis allée dans la buanderie chercher des serviettes et...

Cloe l'interrompt en fronçant les sourcils.

– Je suis désolée : je n'ai pas eu le temps de laver toutes les serviettes... J'ai commencé, puis le téléphone a sonné et...

– Je sais que vous avez mis la machine en route mais vous avez mis trop de détergent. Regardez !

Elle pousse la porte et des masses de bulles sortent en cascade.

– Mais comment ? demande Cloe.

Soudain elle comprend.

– En allant répondre, j'ai laissé la bouteille de lessive liquide débouchée, elle a dû se renverser dans la machine.

Elle montre la bouteille renversée au-dessus de la machine en mouvement.

– Pardon, madame, je suis vraiment désolée.

– Et moi donc ! Il va falloir fermer plus tôt pour nettoyer.

– Je vais vous aider ! propose Cloe.

– Non, je ne crois pas ! Vous en avez assez fait comme ça. Je préfère que vous partiez.

Cloe soupire.

– Je comprends, dit-elle doucement.

– Pas de reproches, Cloe. Vous êtes la bienvenue dans l'établissement. Mais comme cliente...

• • •

Cloe est fatiguée, contrariée et déprimée. Elle a quand même été renvoyée de deux jobs en deux jours et elle a vraiment besoin qu'on lui remonte le moral... Elle décide d'appeler ses amies.

Mais les portables de Sasha, Jade et Yasmin sont sur répondeur. Elles ne sont pas chez elles ;

donc soit elles ont laissé leurs batteries se décharger (plutôt Jade), soit elles sont au cinéma, puisqu'elles ne répondent pas. Cloe soupire. Elle aurait bien aimé aller au cinéma, c'eût été bien plus sympa que de rester dans sa chambre à se morfondre. Plus Cloe y pense, plus elle se dit que « la » robe a beau être le must de la dernière mode, elle ne vaut pas le temps passé loin de ses meilleures copines. Aucune robe ne remplace leur amitié.

Cloe soupire de nouveau et se remet à feuilleter un magazine de mode. Les mannequins sont si belles dans leurs vêtements de couturiers inabordables... Elle va refermer le magazine, qui la déprime encore plus, quand soudain elle voit un encadré : « Gagnez de l'argent en vitesse ! »

Cloe prend le téléphone et appelle le numéro indiqué sur la publicité.

• • •

Chapitre huit

Vers onze heures, dimanche matin, Cloe est sur le seuil de la maison de Jade. Elle sonne trois coups brefs – leur signal pour annoncer une grande nouvelle – et, quelques secondes plus tard, Jade ouvre la porte.

Cloe éclate de rire en voyant son amie. Jade est encore en pyjama et son visage est recouvert d'argile verte. Ses boucles brunes ébouriffées sont ramenées en une queue de cheval négligée. Jade n'a pas son air habituel de gravure de mode.

– Tu peux arrêter de rire assez longtemps pour m'annoncer la grande nouvelle ? demande Jade, mécontente de voir Cloe se moquer de son look. Elle aperçoit alors son reflet dans une vitre et s'esclaffe à son tour.

– Si les garçons me voyaient ! hoquète Jade

entre deux éclats de rires.

– Viens, rentrons pour ne pas prendre de risques, propose Cloe, qui tient en main une valise en carton.

– Bon, alors ! Ouvre vite ! glousse Jade en suivant Cloe et en refermant la porte de sa chambre.

Cloe regarde autour de la pièce pour trouver un espace, mais la chambre est pleine de vêtements branchés et d'accessoires funky. Il y en a absolument partout, même sur le lit ! Jade est atrocement désordonnée. C'est pour cela que Cloe l'a choisie pour être sa première cliente !

Cloe prend une pile de vêtements sur la commode et les met par terre. Puis elle pose sa valise et l'ouvre. Jade est à ses côtés, débordante de curiosité.

– C'est tout ? Des produits d'entretien ? demande Jade, très déçue.

– Oui, mais pas n'importe lesquels ! dit Cloe comme si elle jouait dans une pub. Les produits

Super Sonic sont garantis. Ils font briller n'importe quelle surface comme un diamant !

Elle jette un coup d'œil dans la chambre.

– Vu l'état de ta chambre, tu as grand besoin d'un peu de force Super Sonic, non ?

– Depuis quand es-tu devenue maniaque du ménage ? demande Jade, incrédule.

– Depuis dix heures ce matin.

– Hein ?

– Je suis représentante en produits d'entretien Super Sonic. C'est mon nouveau job ! Une bouteille vaut cinq euros. Si je vends les vingt bouteilles, je me fais cent euros moins les vingt-cinq euros que j'ai dépensés pour avoir les produits en express.

– Où as-tu trouvé les vingt-cinq euros ? lui demande Jade.

– Mes pourboires à la pizzeria, lui répond Cloe.

– Tu as dépensé tout l'argent que tu as gagné à la pizzeria pour ça ? demande Jade, complètement ahurie.

– C'est un investissement, explique Cloe. Il faut dépenser de l'argent pour en gagner.

– Qui t'a raconté ça ? continue Jade.

– Le monsieur de la compagnie Super Sonic, répond Cloe.

Jade soupire.

– Bon, c'est vrai que ma chambre a un peu besoin d'être nettoyée... admet-elle.

– Génial ! s'enthousiasme Cloe en lui tendant un flacon. Je commence par ta commode pendant que tu retires ton masque ?

– Mon masque ! Je l'avais oublié ! Ça ne te dérange pas de commencer sans moi ?

– Pas du tout, assure Cloe. Je crève d'envie de voir le résultat !

– Tu ne l'as pas encore testé ? demande Jade, inquiète.

– Non, je n'ai pas eu le temps. Mais le monsieur de la compagnie Super Sonic m'a assuré que c'est le meilleur produit sur le marché.

Tandis que Jade retire son masque d'argile, Cloe se met au travail et commence à nettoyer les meubles. Le produit sent l'orange, et bientôt l'odeur se répand dans la pièce. Les marques de stylo, de vernis à ongles et les ronds de verres s’enlèvent rapidement de la surface du bureau et de la commode.

– Waou ! Mais ça marche vraiment ! s'exclame Jade en sortant de la salle de bains.

Les meubles brillent dans la chambre.

– Tu vois ! Je te l'avais dit ! le lui rappelle Cloe.

En moins d'une heure, la chambre de Jade est impeccable. Pendant que celle-ci s'habille pour sortir, Cloe referme la valise et empoche les cinq euros.

– Dépêche-toi ! demande Cloe avec insistance. Il ne me reste que quelques jours pour gagner l'argent de ma robe.

– J'arrive ! lui dit Jade. Il faut juste que je tire les rideaux. Sinon, avec le soleil, ma chambre devient une étuve.

Jade tire les rideaux et la chambre est plongée dans le noir, sauf... les meubles qui luisent d'une étrange couleur vert phosphorescent !

– Oh ! s'exclame Jade. Que s'est-il passé ?

Cloe ne sait quoi répondre. Elle reste là, à fixer les meubles, incrédule.

– Ça doit être le produit, finit-elle par murmurer.

– Tu ne m'avais pas parlé de l'effet final ! dit Jade.

– Mais je n'en savais rien. Le monsieur ne m'a rien dit. Je suis sincèrement désolée et...

– Ne sois pas désolée, je trouve ça génial ! Mes meubles sont impeccables et en plus j'adore le côté phosphorescent ! C'est trop cool, tu ne crois pas ?

Cloe sourit légèrement.

– Je suis soulagée que ça te plaise, mais tu risques d'être la seule, Kool Kat.

Jade fronce les sourcils.

– C'est vrai que j'ai des goûts plus délirants que la moyenne.

Cloe soupire.

– Et voilà vingt-cinq euros de perdus !

– Tu ne peux pas leur rendre les produits ? demande Jade.

Cloe secoue la tête.

– Le monsieur me l'a répété au téléphone : pas de retour ! Je peux tout verser dans les toilettes. Et au revoir ma belle robe !

– Oh ! ne le verse pas dans les toilettes, s'il te plaît ! se dépêche de dire Jade.

– Pourquoi pas ? Personne ne va en vouloir !

– Mes parents ne sont pas très branchés. Je ne crois pas qu'ils vont aimer des toilettes qui brillent dans le noir, explique Jade.

• • •

Jade essaie de remonter le moral de Cloe en lui faisant goûter des cookies qu'elle a préparés, mais rien n'y fait. Cloe est triste, et elle finit par s'en aller, déprimée.

Dès qu'elle est partie, Jade saute sur son téléphone et appelle Sasha, puis elle appuie sur la touche conversation à trois et y inclut Yasmin.

– Écoutez les filles, il faut qu'on fasse quelque chose pour Cloe...

Elle leur explique la situation et les filles retournent le problème dans tous les sens.

Au bout d'un moment, elles n'ont toujours pas trouvé d'idée miraculeuse quand, soudain, Sasha pousse un cri.

– L'amitié !

– Quoi, l'amitié ? demandent Jade et Yasmin en même temps.

– J'ai une idée. Pas besoin d'argent ! Nous sommes douées pour la mode...

Chapitre neuf

Vendredi, après le collège, Cloe se dépêche de rentrer chez elle pour ratisser encore une fois son placard en espérant désespérément trouver une robe qu'elle aurait oubliée. Mais elle ne peut que constater qu'elle n'a rien d'élégant et en même temps de branché à porter le lendemain.

Son téléphone sonne alors qu'elle est assise par terre, la tête sur les genoux et le moral dans les chaussettes.

– Hé ! mon ange, est-ce que tu peux passer ? demande Sasha à l'autre bout du fil.

– Maintenant ? Euh... désolée, Lapinou, mais j'essaie de me préparer pour demain.

– Nous aussi, répond Sasha.

– Nous ?

– Oui ! Belle Princesse et Kool Kat dorment chez moi. Nous faisons une fête préparatoire...

– Je ne sais pas si je suis vraiment d'humeur à faire la fête, dit tristement Cloe.

– Je te promets que ton moral va s'améliorer dès que tu arriveras !

Cloe ne peut que sourire. Et puis :

– Bon, d'accord ! Je laisse un mot à ma mère et j'arrive !

Quand elle apparaît, la fête bat son plein. Sasha fait une manucure à Yasmin, et Jade est assise devant la coiffeuse de Sasha en train d'essayer différentes coiffures.

– Hé, Cloe ! l'accueille Yasmin. Sasha a une nouvelle crème rafraîchissante pour les pieds. Il faut absolument que tu l'essaies avant de voir une pédicure.

– Oui, c'est étonnant ! déclare Sasha. Au fait, Cloe, as-tu amené le masque à la mangue que j'adore ?

– Bien sûr, la rassure Cloe. Tu connais la pub : Ne partez jamais sans !

Cloe se met à rire et lui jette le tube.

Sasha avait raison. Cela ne fait pas dix minutes que Cloe a retrouvé ses copines et déjà elle est de bonne humeur. Rien de tel qu'une séance de beauté avec ses amies pour retrouver le sourire.

Quand, soudain, Jade aborde le sujet tabou des vêtements :

– Alors, tu as trouvé quelque chose à porter demain soir ?

Cloe fronce les sourcils et secoue la tête.

– Rien ne me plaît. C'est peut-être la soirée la plus importante de ma vie et comment veux-tu que je me sente bien si j'arrive dans un truc que j'ai déjà mis des dizaines de fois ?

– Exactement ce que nous pensons, dit Sasha avec un grand sourire.

– Tu n'es pas obligée d'avoir l'air tellement enchantée, ronchonne Cloe.

– Je suis enchantée parce que nous t'avons trouvé une solution ! s'exclame Sasha.

Elle se lève et va vers une grande boîte en

carton posée sur le sol. Elle la lui tend.

– Tiens ! C'est pour toi !

– Vous m'avez acheté la robe ? demande Cloe, très surprise.

– Pas exactement, explique Yasmin. Mais je pense que tu aimeras ce look autant que la robe.

– C'est ta peinture qui nous l'a inspiré, continue Jade.

Cloe est complètement perplexe.

– Qu'est-ce que tu veux dire ?

Sasha éclate de rire.

– Ouvre la boîte et tu vas comprendre !

Cloe l'ouvre. Et, dès qu'elle voit l'ensemble, elle comprend effectivement. Ses amies ont mis leurs plus belles affaires en commun. Il y a un des chapeaux favoris de Sasha, en cuir noir avec des étoiles argentées. Une mini robe à paillettes argentée de Yasmin avec une ceinture noire. Et les cuissardes noires de Jade pour compléter le tout.

Cloe est très touchée. Pas seulement parce

que la tenue est vraiment belle mais parce que ses amies lui ont montré combien elles pensaient à elle. Et puis la tenue est presque une autre œuvre d'art en elle-même, pleine de la créativité de ses copines.

– C'est absolument génial ! s'exclame Cloe. Je ne sais pas comment vous remercier. Comme ça, j'aurai un peu de chacune de vous, sur moi, pendant toute la soirée...

– Je regrette juste de ne pas y avoir pensé plus tôt, avant que tu fasses tous ces jobs, dit Sasha. Tu as dû en baver !

Cloe secoue la tête.

– En fait, c'était assez amusant. Bon, pas tout le temps... Mais j'ai rencontré des gens intéressants et j'ai beaucoup appris. Et puis, j'en ai un peu aidé certains... dit-elle en se souvenant de la jeune maman épuisée dans le magasin de maquillage et de la femme désespérée par son bouton au centre de remise en forme.

– Le mauvais côté, c'est que j'étais débordée

entre le collège et le reste. Du coup, j'ai laissé de côté les deux choses les plus importantes dans ma vie : mon travail artistique et mes meilleures copines !

– Tu nous as manqué pendant ces deux semaines, reconnaît Yasmin. Ce n'est pas la même chose sans notre ange !

Sasha verse du jus d'orange dans quatre gobelets en carton. Elle tend un gobelet à chacune et lève le sien.

– Je porte un toast à l'amitié, à la toile de Cloe et à nous !

Chapitre dix

– Je ne peux pas entrer, dit Cloe.

Elle est collée au siège de sa décapotable, incapable de bouger. Une file d'artistes et d'amateurs de peinture pénètre déjà dans la galerie de M. Duclou.

– Allez, Cloe ! Tu ne veux pas voir ta toile au mur d'une vraie galerie ? l’encourage Yasmin. Je croyais que c'était ton rêve !

– Mais ça va peut-être se transformer en cauchemar, lui répond Cloe. Ce sont de vraies œuvres d'artistes qui sont accrochées. Mon travail paraîtra très amateur en comparaison.

– Non, c'est faux ! dit fermement Sasha. Tu es une véritable artiste aussi. M. Duclou te l'a dit clairement. Il faut que tu lui fasses confiance. Il est connu internationalement. Il reconnaît un bon boulot quand il le voit et il aime ta peinture.

– Et puis il faut que tu montres ta tenue, ajoute Jade. C'est aussi une œuvre d'art.

Cloe rit en se regardant dans le rétroviseur. C'est vrai qu'elle est superbe. Jade a raison : ses amies se sont donné du mal pour lui trouver l'ensemble idéal. Elle leur doit bien ça ! Elle ouvre la portière et sort de sa décapotable.

– Nous y sommes, Cloe, se moque Sasha. Tu entres en inconnue et tu vas ressortir en star !

– Cloe, vous voici enfin ! l'accueille M. Duclou quand elle pénètre dans la galerie. Je vous cherchais.

– Bonsoir, monsieur Duclou, répond Cloe. Vous vous souvenez de mes amies Sasha, Jade et Yasmin ? Elles sont en classe avec moi. Ce sont elles qui ont inspiré mon tableau.

– Eh bien, ce sont de très belles sources d'inspiration ! les complimente M. Duclou. Aussi belles que le tableau. Il a d’ailleurs suscité beaucoup d'intérêt, dit-il en se tournant vers Cloe.

– Vraiment ?

Cloe a peine à le croire.

– Tu vois ! On te l'avait dit, lui murmure Sasha à l'oreille.

– Absolument ! dit encore M. Duclou. Plusieurs de mes collectionneurs aimeraient voir différents travaux. Avez-vous d'autres peintures ?

– Quelques-unes, répond Cloe. Mais elles ne sont pas toutes de ce style. Il y en a des réalistes, et d'autres plus expressionnistes. J'expérimente un peu les styles et les techniques.

– Peut-être pourriez-vous me peindre d'autres toiles abstraites pendant l'été ? suggère M. Duclou. Je suis sûr de les vendre. D'ailleurs, si vous pouvez en produire six ou sept d'ici août, je vous les prends pour mon exposition d'automne.

– C'est merveilleux ! s'exclame Cloe. J'espérais justement trouver un job d'été, et gagner de l'argent avec ma peinture est mon grand rêve !

M. Duclou lui sourit chaleureusement. Il est visiblement charmé par son enthousiasme et sa volonté de travailler.

– J'aime être celui qui réalise les rêves, dit-il gentiment.

– Oh ! mais c'est exactement ce que vous avez fait, assure Cloe.

– Comme je vous l'ai dit, plusieurs personnes ont manifesté de l'intérêt pour ce tableau. Combien voulez-vous pour *Amitié*? demande-t-il sur le ton d'un homme d'affaires.

Cloe est enchantée. Des véritables collectionneurs sont disposés à acheter sa peinture : c'est le plus grand compliment qu'on lui ait jamais fait. Et puis, elle serait ravie de gagner de l'argent.

Mais elle ne peut pas vendre ce tableau. C'est un effort collectif. Il leur appartient à toutes, d'une certaine façon. Impossible de s'en défaire.

– Je suis désolée, monsieur Duclou. Je serai

ravie de peindre de nouvelles toiles, mais ce tableau n'est pas à vendre.

M. Duclou la regarde avec une extrême surprise. Il n'arrive pas à croire qu'elle refuse de s'en défaire.

– Vous êtes sûre ? demande-t-il encore. Je suis certain d'en obtenir un bon prix. Peut-être même plus que ce que vous espérez.

– J'en doute, répond calmement Cloe.

Elle sourit à Yasmin, Sasha et Jade. L'amitié n'a pas de prix !

Texte original en langue anglaise publiée par Grosset & Dunlap - New York

Édition française publiée par les Éditions Hemma
106, rue de Chevron
4987 Chevron
Belgique
N° d'impression: 6185.0412
Dépôt légal: 10.04/0058/301
Imprimé en Belgique

Loi n°49-956 du 16 juillet 1949
sur les publications destinées à la jeunesse